CW00502334

Dépression

post-partum

Copyright © 2023 – POL CONSEILS COACHING

Tous droits réservés. Aucune partie de ce livre ne peut être reproduite sous quelque forme que ce soit sans l'autorisation écrite de l'auteur. Le code de la propriété intellectuelle n'autorisant aux termes des paragraphes 2 et 3 de l'article L.122-5 d'une part, que des copies ou reproductions strictement réservées à l'usage privé du copiste et non destinées à une utilisation collective et d'autre part, sous réserve du nom de l'auteur et de la source, que les analyses et les courtes citations justifiées par le caractère critique, polémique, pédagogique, scientifique ou d'information, toute représentation ou reproduction intégrale ou partielle, faite sans le consentement de l'auteur ou de ses ayant-droit ou ayant-cause, est illicite (article L.122-4). Cette représentation ou reproduction, par quelque procédé que ce soit, constituerait donc une contrefaçon sanctionnée par les articles L.335-2 et suivants du code de la propriété intellectuelle.

SOMMAIRE

Règle 1

Qu'est-ce que la dépression post-partum ?

La dépression post-partum est une forme de dépression qui survient chez les femmes après la naissance d'un enfant. Elle se manifeste par des sentiments de tristesse, d'anxiété, de fatigue, de désespoir, de culpabilité et de perte d'intérêt pour des activités autrefois appréciées. Cette dépression peut débuter quelques jours après la naissance du bébé ou jusqu'à un an plus tard. Les facteurs de risque incluent des antécédents de dépression, des troubles anxieux, le stress pendant la grossesse, les problèmes relationnels et les difficultés financières. Le traitement de la dépression post-partum peut associer thérapies, médicaments antidépresseurs et soutien social. Il est essentiel de prendre en charge cette dépression pour garantir la santé et le bien-être de la mère et de l'enfant.

Causes de la dépression post-partum

Bien que se manifestant après l'accouchement, les causes exactes de la dépression post-partum demeurent incertaines. Une combinaison de facteurs biologiques, psychologiques et sociaux est probablement à l'origine de cette condition.

- **Changements hormonaux :** Après l'accouchement, les niveaux d'hormones comme l'œstrogène et la progestérone peuvent chuter rapidement, influençant l'humeur et entraînant des symptômes dépressifs.

- **Antécédents de troubles mentaux :** Les femmes ayant déjà vécu une dépression, une anxiété ou des troubles bipolaires avant ou pendant la grossesse sont plus à risque de développer une dépression post-partum.

- **Facteurs de stress :** Des éléments stressants, tels que des problèmes relationnels, des soucis financiers ou un manque de soutien social, peuvent augmenter ce risque.

- **Facteurs psychologiques :** Après la naissance, les sentiments d'isolement, de perte d'identité, de tristesse, de frustration et d'anxiété peuvent s'intensifier et mener à la dépression post-partum.

- **Complications pendant la grossesse ou l'accouchement :** Les complications comme le diabète gestationnel, une césarienne en urgence ou un accouchement prématuré peuvent rendre la mère plus vulnérable à cette dépression.

Il est crucial de comprendre que la dépression post-partum peut être traitée efficacement. Si vous, ou une personne proche, présentez des symptômes, consultez un professionnel de santé mentale.

La dépression post-partum est-elle généralisée chez les femmes ?

La dépression post-partum peut toucher certaines femmes après la naissance d'un enfant, mais elle n'est pas systématiquement présente chez toutes. Toutefois, certains facteurs augmentent le risque de la développer :

- Antécédents de dépression ou d'anxiété.
- Isolement social ou absence de soutien.
- Stress ou événements traumatisants pendant ou après la grossesse.
- Troubles du sommeil ou fatigue excessive.
- Problèmes de santé durant la grossesse ou l'accouchement.
- Troubles hormonaux ou thyroïdiens antérieurs.
- Passé de troubles alimentaires ou de toxicomanie.

La dépression post-partum est le résultat d'une combinaison de facteurs biologiques, psychologiques et sociaux. Reconnaître ses signes est primordial pour obtenir le traitement adéquat.

Règle 2

Comment perçoit-on la dépression post-partum en Afrique ?

La dépression post-partum, affection mentale survenant après l'accouchement, est diversement perçue en Afrique. Bien qu'il n'y ait pas de consensus universel, de nombreux pays africains portent un stigmate culturel autour de la santé mentale, rendant complexes l'expression des sentiments et l'accès à un traitement adéquat pour les femmes.

Dans certaines cultures africaines, donner naissance est un moment de joie, célébré par la famille et la communauté. Toutefois, d'autres traditions sont empreintes de croyances, tabous et pratiques potentiellement néfastes à la santé mentale de la mère et de l'enfant. Dans certaines régions, par exemple, les nouvelles mères sont contraintes au repos strict post-accouchement, évitant toute sortie ou bain, pouvant nuire à leur estime de soi et à leur bien-être.

De plus, les pressions sociales et économiques concernant la maternité peuvent intensifier les symptômes de dépression, surtout en présence de complications périnatales.

La sensibilisation à la dépression post-partum progresse en Afrique, mais les efforts doivent se poursuivre pour éduquer la population et améliorer l'accès aux soins adaptés. Il est vital d'encourager les femmes à exprimer leurs ressentis, chercher assistance et rompre avec les stigmates culturels.

Pourquoi les mères atteintes de dépression post-partum ne devraient-elles pas partager leur lit avec leur bébé ?

La dépression post-partum, pouvant survenir après la naissance, se manifeste par divers symptômes, notamment tristesse, anxiété, fatigue, troubles du sommeil et difficultés de concentration.

Il est conseillé aux mères touchées par cette affection de prendre des précautions pour préserver la sécurité de leur enfant. Partager le même lit présente des risques : étouffement, suffocation accidentelle ou syndrome de mort subite du nourrisson (SMSN).

Les bébés, particulièrement vulnérables pendant le sommeil, sont davantage exposés à ces dangers s'ils co-dorment. Ainsi, il est préférable qu'ils dorment à proximité, mais dans un espace dédié, facilitant ainsi l'allaitement et leur surveillance. Les recommandations préconisent de coucher le nourrisson sur le dos, sur une surface plane et ferme, sans objets superflus comme couvertures, oreillers ou peluches.

En résumé, pour garantir la sécurité de leur enfant, les mères affectées par la dépression post-partum devraient éviter la co-dormance et respecter les directives sur le sommeil sécuritaire. En cas de dépression post-partum, une consultation médicale s'avère essentielle pour un accompagnement adapté.

Règle 3

La dépression post-partum affecte-t-elle uniquement les femmes ou concerne-t-elle aussi les hommes ?

La dépression post-partum n'est pas exclusive aux femmes. Elle peut aussi toucher les hommes, même si elle est plus fréquemment associée aux mères. Chez ces derniers, on parle souvent de "dépression post-partum paternelle" ou "dépression post-partum masculine".

Les raisons précises de cette dépression chez les hommes demeurent floues, mais des éléments tels que des fluctuations hormonales, des nuits écourtées, le stress, les tensions relationnelles, des difficultés financières ou des antécédents de troubles de l'humeur peuvent être des déclencheurs.

Il est crucial de comprendre que les hommes peuvent aussi être victimes de la dépression post-partum. Face à des signes de dépression après la venue d'un enfant, il est essentiel de consulter un professionnel pour obtenir l'aide adéquate, que ce soit pour soi ou pour son partenaire.

Règle 4

La dépression post-partum au sein du couple

La dépression post-partum est un trouble de santé mentale touchant certaines femmes après la naissance de leur enfant. Elle peut avoir des origines hormonales, être liée à des changements de mode de vie et de responsabilités, ou découler de facteurs psychologiques comme le stress, l'anxiété et la fatigue.

Cette forme de dépression peut impacter le couple de diverses façons. Les symptômes, en rendant la mère irritable, fatiguée et distante, peuvent engendrer des difficultés de communication, des tensions et des conflits entre les partenaires.

Le co-parent peut ressentir une pression accrue pour épauler la mère et prendre en charge le nouveau-né, générant ainsi stress et surmenage. Il n'est pas rare que ce dernier éprouve des sentiments de frustration, d'incompréhension ou même de détresse face à la situation.

Une communication ouverte et empathique au sein du couple est primordiale, afin de partager sentiments et besoins. Collaborer en soutenant la mère, en prenant soin du nourrisson, en cherchant un soutien professionnel ou en partageant des moments de détente peut renforcer la relation.

Il est essentiel de rappeler que les hommes peuvent aussi être touchés par la dépression post-partum, même si c'est moins fréquent que chez les femmes. Leur bien-être mental ne doit pas être négligé, et ils doivent aussi bénéficier du soutien nécessaire.

Règle 5

Impact de la dépression post-partum sur la relation de couple : les risques relationnels

La dépression post-partum, en affectant l'un des parents, peut bouleverser l'équilibre du couple. Voici quelques-uns des principaux risques relationnels associés à cette condition :

1. Isolement : La dépression peut pousser le parent affecté à s'isoler, entravant ainsi la communication et la connexion émotionnelle avec le partenaire.

2. Irritabilité et colère : Le parent touché peut manifester une irritabilité ou une colère accrues, conduisant à davantage de disputes et de tensions.

3. Besoin de soutien non comblé : Si le parent déprimé a du mal à exprimer son besoin d'aide ou si le partenaire n'est pas en mesure de le comprendre, des frictions peuvent survenir.

4. Diminution de l'intérêt pour l'intimité : La dépression post-partum peut entraîner une baisse d'intérêt pour l'intimité physique et émotionnelle, générant ainsi des frustrations ou des malentendus.

5. Sentiments de rejet : Le parent souffrant peut se sentir négligé ou incompris, ce qui peut le conduire à ressentir un sentiment d'abandon ou de rejet de la part du partenaire.

Il est essentiel de souligner que ces défis relationnels ne sont pas une fatalité. Une prise de conscience mutuelle et une collaboration entre les partenaires pour affronter ensemble ces difficultés peuvent non seulement atténuer ces risques, mais aussi renforcer les liens du couple.

Règle 6

Quelles sont les conséquences possibles de la dépression post -partum ?

La dépression post-partum (DPP) se manifeste chez certaines femmes après l'accouchement. Ses conséquences peuvent s'étendre bien au-delà de la mère, affectant l'enfant et les autres membres de la famille. Voici un aperçu des conséquences possibles :

1. Sur la mère : La DPP peut compromettre la santé mentale et physique de la mère. Les symptômes courants incluent la perte d'appétit, l'insomnie, une fatigue intense, des sentiments persistants de tristesse, d'anxiété, de colère, une désaffection pour des activités auparavant appréciées et une baisse de l'estime de soi. Dans des cas plus sévères et non traités, elle peut conduire à des pensées suicidaires.

2. Sur l'enfant : La relation mère-enfant peut être sérieusement impactée par la DPP. Une mère souffrant de cette condition peut rencontrer des difficultés à établir un lien émotionnel fort avec son enfant, montrer une réactivité réduite à ses besoins, ou encore ressentir une irritabilité accrue ou un désintérêt pour son bébé. Ces éléments peuvent entraver le développement émotionnel, social et cognitif de l'enfant.

3. Sur la famille : La DPP influence également le quotidien familial. Elle peut amoindrir la capacité de la mère à s'acquitter de ses responsabilités, générant ainsi des tensions avec d'autres membres de la famille. La charge mentale et émotionnelle pour la famille peut augmenter, notamment pour ceux qui essaient d'apporter leur soutien à la mère.

Il est primordial de rappeler que la dépression post-partum est une condition qui peut être traitée. Si vous suspectez être touché(e) par la DPP ou si vous reconnaissez certains de ces symptômes chez un proche, il est impératif de consulter un professionnel de santé.

Règle 7

La communication : un pilier face à la dépression post-partum pour une femme séparée de son mari

La dépression post-partum est un défi majeur, et ce défi peut être encore plus accablant pour une femme séparée de son mari. Dans ce contexte, la communication s'avère être une bouée de sauvetage. Son rôle est à la fois vital et multiforme :

Bénéfice émotionnel : La communication permet d'obtenir du soutien émotionnel, que ce soit des amis, de la famille ou même d'un thérapeute. Partager ses sentiments, ses peurs et ses inquiétudes peut aider à soulager le stress et l'anxiété qui sont couramment associés à la dépression post-partum.

Expression des émotions : Parler de ses émotions, c'est ouvrir une fenêtre sur son monde intérieur. Cela aide la femme à mieux comprendre ses propres pensées et actions et peut également l'aider à identifier les déclencheurs ou les moments particulièrement difficiles de sa dépression.

Lutte contre l'isolement : En s'exprimant et en interagissant, une femme peut combattre le sentiment d'isolement qui accompagne souvent la dépression post-partum. C'est une étape essentielle pour maintenir une connexion sociale, améliorer son humeur et réduire les symptômes de la dépression.

Recherche de solutions : En communiquant, il est possible de trouver des solutions pour gérer et surmonter la dépression post-partum. Cela peut être une discussion sur les stratégies d'adaptation, les approches thérapeutiques ou même les options médicamenteuses.

En somme, il ne faut jamais sous-estimer l'importance de la communication pour une femme séparée de son mari et souffrant de dépression post-partum. C'est un outil essentiel pour elle, lui permettant de naviguer à travers cette épreuve et d'améliorer sa qualité de vie.

Règle 8

La dépression post-partum est-elle considérée comme une folie ?

La dépression post-partum n'est pas perçue comme une folie. C'est un trouble de l'humeur pouvant survenir chez certaines femmes peu après l'accouchement. Les symptômes peuvent inclure des sentiments de tristesse, d'anxiété, de fatigue, d'irritabilité, des troubles du sommeil, une perte d'appétit et des difficultés de concentration.

Il est essentiel de reconnaître que la dépression post-partum est une véritable maladie, traitable avec succès par des interventions comme la psychothérapie ou les médicaments. De plus, il faut souligner qu'il n'y a aucune honte à ressentir une dépression post-partum. Les femmes concernées doivent donc être encouragées à rechercher de l'aide si elles en ressentent le besoin.

Pour résumer, la dépression post-partum est une affection mentale courante, traitable avec succès, et elle ne devrait pas être confondue avec une folie.

La dépression post-partum est-elle perçue comme une folie en Afrique ?

Il est crucial de rappeler que l'Afrique est un continent riche en diversité, avec de multiples cultures, croyances et pratiques. Par conséquent, il est ardu de généraliser la perception de la dépression post-partum à travers tout le continent.

Toutefois, dans certaines régions d'Afrique, la dépression post-partum peut être mal interprétée et vue comme une forme de folie ou de possession démoniaque. Cette perception peut mener à une stigmatisation, privant ainsi les femmes concernées du soutien dont elles auraient besoin, exacerbant leur état mental.

Néanmoins, il existe une prise de conscience croissante et des efforts d'éducation sur la dépression post-partum dans de nombreux pays africains. Ces initiatives aident à améliorer la compréhension et le soutien en faveur des femmes atteintes. Les professionnels de la santé mentale, les organisations communautaires et les familles ont tous un rôle crucial à jouer pour aider ces femmes à surmonter leur dépression post-partum et à obtenir les soins adéquats.

Règle 9

Quels sont les symptômes dépressifs de la dépression post-partum ?

La dépression post-partum est une forme de dépression qui peut survenir chez certaines femmes après la naissance de leur enfant. Les symptômes de cette dépression peuvent inclure :

- Une tristesse persistante accompagnée de pleurs fréquents ;

- Une perte d'intérêt pour les activités habituellement appréciées ;

- Des modifications de l'appétit, que ce soit une perte ou une augmentation ;

- Des troubles du sommeil tels que l'insomnie ou une sensation persistante de fatigue ;

- Irritabilité, colère, et sautes d'humeur ;

- Des sentiments de culpabilité ou de sentiments d'incompétence ;

- Des difficultés à se concentrer ou à prendre des décisions ;

- Des préoccupations excessives concernant l'enfant ;
- Des pensées suicidaires ou des idées de faire du mal à l'enfant.

Si vous suspectez être touchée par la dépression post-partum, il est primordial de consulter un professionnel de la santé mentale pour obtenir un diagnostic et bénéficier d'un traitement adapté.

Règle 10

Symptomatologie de la dépression du post-partum

La dépression post-partum est une forme spécifique de dépression qui peut survenir chez certaines femmes à la suite de l'accouchement. Les symptômes courants de cette affection sont :

- **Tristesse persistante** : Les femmes concernées peuvent éprouver des sentiments de désespoir, de dépression ou de tristesse.

- **Sautes d'humeur** : Des variations fréquentes de l'humeur et des épisodes d'irritabilité peuvent survenir.

- **Fatigue intense** : Une sensation d'épuisement peut être présente, même après avoir bénéficié d'un repos suffisant.

- **Troubles du sommeil** : S'endormir peut devenir difficile, ou bien des réveils nocturnes fréquents peuvent perturber le sommeil.

- **Perte d'intérêt** : Les activités jadis appréciées, y compris les moments passés avec le bébé ou les amis, peuvent ne plus procurer de plaisir.

- **Sentiments de culpabilité** : Des sentiments d'inutilité, de culpabilité, ou l'auto-reproche peuvent être ressentis.

- **Anxiété** : Des niveaux élevés d'anxiété, voire des crises de panique, peuvent apparaître.

- **Pensées noires** : Dans les situations les plus sévères, des pensées suicidaires ou l'envie de faire du mal au bébé peuvent surgir.

Il est essentiel de consulter un professionnel de la santé dès l'apparition de symptômes de dépression post-partum. C'est crucial non seulement pour le bien-être de la mère, mais aussi pour celui de l'enfant.

Règle 11

Diagnostic de la dépression du post-partum

La dépression post-partum nécessite une évaluation précise par un professionnel de la santé mentale ou un médecin pour être diagnostiquée. Cela étant dit, certains signes et symptômes peuvent signaler la présence de ce trouble.

Les symptômes courants de la dépression post-partum comprennent :

- **Tristesse persistante** : fréquence accrue des pleurs et sentiments de désespoir.

- **Anxiété** : inquiétude excessive, sensations de panique.

- **Fatigue** : sensation d'épuisement constant.

- **Isolement** : sentiment de déconnexion d'avec les autres.

- **Difficultés de concentration** : problèmes pour prendre des décisions.

- **Perte d'intérêt** : absence de plaisir dans les activités jadis appréciées.

- **Changements d'appétit** : perte ou gain de poids notable.

- **Troubles du sommeil** : insomnie ou hypersomnie.

- **Irritabilité** : épisodes de colère fréquents.

- **Doutes sur soi** : sentiments de ne pas être à la hauteur en tant que mère.

- **Pensées alarmantes** : idées de se faire du mal ou de nuire au bébé.

Si vous présentez ces symptômes, il est crucial de consulter rapidement un médecin ou un professionnel de la santé mentale. Un diagnostic précis permettra d'accéder à un traitement approprié. La dépression post-partum est une condition pour laquelle il existe des solutions. Penser à votre bien-être est également essentiel pour celui de votre bébé.

Règle 12

Critères diagnostiques de la dépression post-partum

La dépression post-partum est une variante de la dépression majeure qui survient après l'accouchement. Les critères diagnostiques sont semblables à ceux de la dépression majeure, bien que certaincs manifestations soient spécifiquement associées à la période post-partum. Les critères pour diagnostiquer un épisode dépressif majeur incluent :

- **Humeur dépressive** : présente de manière persistante presque tous les jours pendant au moins deux semaines.

- **Perte d'intérêt** : absence d'attrait pour la majorité des activités presque tous les jours.

- **Changements de poids ou d'appétit** : prise ou perte de poids notable, modifications de l'appétit presque tous les jours.

- **Troubles du sommeil** : insomnie ou hypersomnie presque tous les jours.

- **Agitation ou léthargie** : ressenties presque quotidiennement.

- **Fatigue** : perte d'énergie marquée presque tous les jours.

- **Sentiments de culpabilité** : sentiment d'inutilité ou d'auto-blâme presque quotidiens.

- **Difficultés cognitives** : problèmes de concentration ou de prise de décision presque tous les jours.

- **Idées noires** : pensées récurrentes de mort ou de suicide, éventuellement des tentatives.

En complément de ces critères, les femmes souffrant de dépression post-partum peuvent aussi ressentir : tristesse, désespoir, anxiété, confusion, culpabilité, irritabilité, colère, sentiment de distance par rapport à leur bébé, insécurité, et peur.

Il est essentiel de consulter un professionnel de santé si vous suspectez une dépression post-partum afin d'obtenir un traitement adapté.

Règle 13

Symptômes de la dépression post-partum par rapport à la dépression majeure

Les symptômes de la dépression post-partum sont souvent semblables à ceux de la dépression majeure, tout en présentant des particularités liées à la période suivant l'accouchement. Les symptômes courants de la dépression post-partum comprennent :

- **Émotions négatives** : tristesse profonde, pleurs fréquents, et sentiment de désespoir.

- **Perte d'intérêt** : pour des activités autrefois appréciées.

- **Fatigue** : sensation d'épuisement, même après une bonne nuit de sommeil.

- **Auto-jugement** : sentiments de culpabilité ou d'inadéquation.

- **Émotions exacerbées** : irritabilité ou colère difficile à maîtriser.

- **Difficultés cognitives** : problèmes de concentration ou de prise de décisions.

- **Changements physiologiques** : modifications de l'appétit et du sommeil, qu'il s'agisse d'insomnie ou d'hypersomnie.

- **Isolement** : tendance à se retirer de la famille et des amis.

- **Idées noires** : pensées d'auto-agression ou d'agression envers le bébé.

Si ces symptômes rappellent ceux de la dépression majeure, la dépression post-partum est souvent influencée par des facteurs spécifiques à la période postnatale. Ces facteurs peuvent inclure des fluctuations hormonales, des ajustements à un nouveau rôle, un manque de sommeil ou les défis inhérents à la parentalité.

Règle 14

Conséquences de l'absence de lien entre une mère et son nourrisson

Un attachement sain entre une mère et son nourrisson est fondamental pour le développement global de l'enfant. L'absence de ce lien peut engendrer des répercussions pour les deux parties.

Conséquences pour le nourrisson :

- **Problèmes émotionnels** : un attachement insuffisant peut conduire à des troubles d'attachement, à l'anxiété, à des comportements extrêmes (agressivité, passivité), à la dépression et à des difficultés relationnelles à l'âge adulte.

- **Retards de développement** : l'absence d'un lien affectif solide peut compromettre le développement cérébral et physique, conduisant à des problèmes linguistiques, d'apprentissage et comportementaux.

Conséquences pour la mère :

- **Dépression post-partum** : sans un lien fort avec son enfant, une mère peut se sentir submergée et isolée.

- **Stress accru** : élever un enfant est en soi stressant, mais l'absence de lien peut intensifier ce stress.

- **Difficultés relationnelles** : un attachement insuffisant avec l'enfant peut influencer négativement les relations avec d'autres membres de la famille.

Face à ces difficultés, il est primordial que les mères sollicitent une aide professionnelle pour renforcer et cultiver le lien avec leur nourrisson.

Règle 15

Psychose post-partum : définition et traitement

La psychose post-partum est un trouble psychiatrique sévère, mais rare, survenant peu après l'accouchement. Elle est caractérisée par :

- Des idées délirantes et hallucinations.
- Des variations d'humeur, allant de l'agitation à la léthargie.
- Des problèmes de sommeil.
- Des pensées suicidaires, voire homicides.
- Des comportements inhabituels ou inadaptés.

Causes : Cette maladie peut résulter de facteurs hormonaux, d'antécédents psychiatriques, de stress significatif ou d'une combinaison de ces éléments.

Traitement : La psychose post-partum est une urgence médicale nécessitant souvent une hospitalisation. Les traitements incluent des médicaments stabilisateurs d'humeur et antipsychotiques. La psychothérapie peut également accompagner la guérison, en aidant la femme à gérer les retombées émotionnelles.

Prévention de la dépression post-partum

La dépression post-partum, différente de la psychose post-partum, est un trouble de l'humeur qui peut apparaître après l'accouchement. La prévention est essentielle pour assurer le bien-être mental et physique de la mère et de l'enfant.

Règle 16

Conseils pour prévenir la dépression post-partum

Renforcez votre soutien social : Entourez-vous de personnes bienveillantes pendant votre grossesse et après la naissance. Rejoignez des groupes de soutien ou des cours prénataux pour partager vos expériences avec d'autres futures mamans.

Prenez soin de votre bien-être :

- **Sommeil** : Essayez de bien dormir.
- **Alimentation** : Adoptez une alimentation saine et équilibrée.
- **Activité physique** : Pratiquez régulièrement un exercice adapté.

Apprenez à gérer le stress : Trouvez des techniques qui vous aident à vous détendre, comme la méditation, le yoga ou la respiration profonde.

Rompez l'isolement : Même une courte sortie peut être bénéfique. Cultivez vos relations et sortez régulièrement.

Demandez de l'aide : Que ce soit pour le ménage, le soutien émotionnel, ou la garde du bébé, n'hésitez pas à solliciter de l'aide.

Soyez indulgente avec vous-même : Acceptez que tout ne soit pas parfait. La maternité est une aventure, avec ses hauts et ses bas.

Évitez les substances nocives : La consommation d'alcool ou de drogues peut aggraver les symptômes de la dépression post-partum. Pensez d'abord à votre santé et celle de votre enfant.

Rappelez-vous, chaque femme vit la maternité différemment. Si vous ressentez des symptômes de dépression post-partum, n'hésitez pas à consulter un professionnel de santé.

Règle 17

Traitement de la dépression post-partum

La dépression post-partum est une forme spécifique de dépression qui touche les femmes après l'accouchement. Elle résulte souvent d'une combinaison de facteurs biologiques, psychologiques et sociaux. Voici une présentation des principales approches thérapeutiques :

1. **Thérapie** :

   o **Thérapie cognitivo-comportementale (TCC)** : Cette forme de thérapie aide les femmes à identifier, comprendre et gérer leurs émotions négatives, ainsi qu'à changer des schémas de pensée défavorables.

2. **Médicaments** :

   o **Antidépresseurs** : Ils peuvent être prescrits pour atténuer les symptômes. Les inhibiteurs sélectifs de la recapture de la sérotonine (ISRS) sont fréquemment choisis en raison de leur efficacité et de leurs effets secondaires modérés.

3. **Exercice physique** :

o Une activité physique régulière peut améliorer l'humeur et atténuer le stress, offrant un bénéfice non négligeable aux femmes souffrant de dépression post-partum.

4. **Soutien social** :

o Une solide base de soutien, que ce soit à travers des groupes de soutien, des amis ou la famille, peut offrir une aide précieuse, tant émotionnelle que pratique.

Il est crucial que les femmes touchées par la dépression post-partum sollicitent une assistance professionnelle, surtout si les symptômes sont sévères ou s'ils entravent leur quotidien et leurs soins au bébé.

Règle 18

Qu'est-ce que le baby blues ?

Le baby blues désigne une réaction émotionnelle fréquente chez de nombreuses femmes peu après l'accouchement. Ce phénomène est caractérisé par :

- Un sentiment de tristesse ou de mélancolie,
- Des épisodes de larmes,
- Une sensation d'anxiété,
- De l'irritabilité,
- De la fatigue,
- Des sautes d'humeur,
- Des troubles du sommeil.

Ces symptômes surviennent généralement quelques jours après la naissance et peuvent durer jusqu'à deux semaines. Ils sont souvent attribués aux bouleversements hormonaux, physiques et émotionnels qui accompagnent la période postnatale.

Il est crucial de différencier le baby blues de la dépression post-partum, une affection plus sévère nécessitant une prise en charge médicale. Si les symptômes perdurent au-delà de deux semaines ou s'intensifient, il est recommandé de consulter un professionnel de santé pour déterminer s'il s'agit de dépression post-partum.

Règle 19

Rôle de la famille et des amis face à une personne en dépression post-partum ?

La dépression post-partum survient chez certaines femmes après l'accouchement. Elle se manifeste par des symptômes tels que la tristesse, l'anxiété, l'irritabilité, des troubles du sommeil, une perte d'appétit et un désintérêt pour les activités habituellement agréables. Face à cette situation, la famille et les amis ont un rôle essentiel à jouer. Leur soutien, leur compréhension et leur aide peuvent grandement faciliter la guérison de la personne touchée.

Voici comment la famille et les amis peuvent soutenir une personne en dépression post-partum :

- **Offrir un soutien émotionnel** : Écoutez la personne sans la juger, soyez une présence réconfortante et encourageante.

- **S'occuper de la maman et du bébé** : Proposez de l'aide pour les tâches ménagères, les courses ou la préparation de repas. Cette assistance peut alléger le fardeau quotidien de la nouvelle maman.

- **Aider à trouver des ressources** : Orientez la personne vers des groupes de soutien ou des thérapeutes spécialisés.

- **Encourager la communication** : Laissez la personne exprimer ses sentiments et émotions. Une oreille attentive et sans jugement peut être d'une grande aide pour elle.

- **Encouragez la recherche d'aide professionnelle** : Rassurez-la sur le fait qu'il est normal de demander de l'aide et qu'elle n'est pas seule dans cette situation. Un médecin ou un professionnel de santé mentale pourrait lui fournir un soutien adapté.

En offrant un soutien constant et en étant proactif, la famille et les amis peuvent contribuer significativement au bien-être d'une personne en dépression post-partum.

Points clés du baby blues

1. **Définition** : Le baby blues est une réaction émotionnelle temporaire fréquente chez les nouvelles mères dans les jours suivant l'accouchement.

2. **Prévalence** : Il touche environ 50 à 80 % des nouvelles mères.

3. **Symptômes courants** :

   o Pleurs fréquents

   o Anxiété

   o Fatigue

   o Irritabilité

   o Sautes d'humeur

   o Tristesse

   o Difficultés de sommeil

   o Problèmes de concentration

   o Perte d'appétit

4. **Durée** : Les symptômes apparaissent généralement dans les premiers jours après l'accouchement et peuvent durer jusqu'à deux semaines.

5. **Causes probables** : Bien que les causes exactes ne soient pas clairement définies, les fluctuations hormonales post-accouchement et l'ajustement au nouveau rôle parental sont considérés comme des facteurs contributifs.

6. **Traitement** : Généralement, le baby blues ne nécessite pas de traitement médical. Il est essentiel pour la nouvelle mère de se reposer, de prendre soin d'elle-même et de bénéficier du soutien de son entourage.

7. **Attention** : Si les symptômes persistent au-delà de deux semaines ou s'aggravent, cela peut être le signe d'une dépression post-partum, nécessitant une évaluation médicale.

Règle 20

La dépression post-partum peut-elle survenir avant la grossesse ?

La dépression post-partum est une forme de dépression qui peut survenir chez certaines femmes peu de temps après la naissance de leur enfant, engendrée par des changements hormonaux et émotionnels survenant pendant la grossesse et après l'accouchement.

Toutefois, il est impossible de souffrir de dépression post-partum avant la grossesse, cette affection étant spécifique à la période suivant l'accouchement. Néanmoins, une femme peut être confrontée à la dépression pendant la grossesse due à des changements hormonaux, des facteurs de stress comme des problèmes de santé, des difficultés relationnelles, des inquiétudes financières ou des antécédents de troubles de l'humeur. Cette forme de dépression est désignée sous le terme de dépression prénatale ou anténatale.

Règle 21

Prise en charge de la dépression post-partum et des troubles associés

La prise en charge de la dépression post-partum et des troubles qui y sont associés est cruciale pour la santé mentale et le bien-être de la mère, ainsi que pour la santé et le développement de l'enfant. Voici quelques recommandations :

- **Demander de l'aide** : Il est essentiel de solliciter l'intervention d'un professionnel de la santé mentale, comme un psychiatre ou un psychologue, pour bénéficier d'un traitement et d'un conseil adaptés.

- **Instaurer des routines de sommeil et de repos** : Bien dormir et se reposer sont fondamentaux pour la santé mentale et physique.

- **Adopter une alimentation équilibrée** : Une nourriture saine et équilibrée peut contribuer à améliorer l'humeur et l'énergie.

- **Pratiquer une activité physique régulièrement** : L'exercice peut favoriser une meilleure humeur et réduire le stress.

- **Entretenir des relations sociales et chercher du soutien** : Garder le contact avec les amis et la famille et chercher le soutien de groupes dédiés aux mères est crucial.

- **Prendre du temps pour soi** : Cela peut contribuer à réduire le stress et améliorer l'humeur.

Il est également essentiel de se souvenir que la dépression post-partum est une maladie traitable. Un traitement et des soins appropriés peuvent atténuer les symptômes et améliorer la qualité de vie.

Il est primordial de reconnaître les signes de dépression pendant la grossesse et de chercher de l'aide en cas de sentiments dépressifs ou anxieux. Des traitements tels que la psychothérapie, les médicaments antidépresseurs et des modifications du mode de vie peuvent être bénéfiques pour traiter la dépression, qu'elle soit prénatale ou post-partum.

Règle 22

Comprendre en profondeur le baby blues

Le baby blues, parfois qualifié de dépression post-partum légère, est un trouble émotionnel qui peut toucher les femmes peu de temps après l'accouchement. Il est caractérisé par des sautes d'humeur, de la fatigue, de l'anxiété, des pleurs fréquents et des difficultés à dormir. Voici une exploration approfondie des différentes facettes du baby blues :

- **Les symptômes physiques** : Outre la fatigue, les maux de tête, les douleurs musculaires et la perte d'appétit peuvent être présents. Il est primordial de bien se reposer, de s'hydrater et d'adopter une alimentation saine.

- **Les symptômes émotionnels** : L'anxiété, la tristesse, l'irritabilité, la colère et la confusion peuvent être ressenties. Discuter de ces émotions avec des proches ou un professionnel peut s'avérer bénéfique.

- **Les changements hormonaux** : Les fluctuations hormonales lors de la grossesse et après l'accouchement peuvent influencer l'humeur.

Bien que certaines hormones favorisent le lien mère-enfant et la lactation, elles peuvent également engendrer anxiété et instabilité émotionnelle.

- **Les facteurs de risque** : Un manque de soutien social, des antécédents de dépression ou d'anxiété, des troubles du sommeil, des difficultés à allaiter ou des complications durant la grossesse peuvent augmenter le risque.

- **Les traitements** : Si le baby blues est souvent passager, il est crucial de consulter en cas de persistance ou d'aggravation des symptômes. La psychothérapie, la médication, le soutien social et le counseling sont parmi les options envisageables.

En somme, le baby blues, courant après l'accouchement, englobe des symptômes physiques et émotionnels, des changements hormonaux et présente certains facteurs de risque. Sa prise en charge est diverse et adaptée à chaque cas.

Règle 23

Stratégies pour atténuer les symptômes du baby blues

Le baby blues est courant après l'accouchement, se manifestant par des sautes d'humeur, fatigue, anxiété et tristesse. Voici quelques suggestions pour en alléger les symptômes :

- **Prenez soin de vous** : Reposez-vous, alimentez-vous sainement, pratiquez une activité physique et chouchoutez-vous pour renforcer votre moral.

- **Cherchez du soutien** : Discutez avec vos proches et considérez l'adhésion à des groupes de soutien destinés aux nouvelles mamans.

- **Limitez le stress** : Organisez-vous, évitez les situations stressantes et adoptez des techniques de relaxation comme le yoga ou la méditation.

- **Consultez votre médecin** : Si les symptômes s'intensifient ou persistent, n'hésitez pas à solliciter votre médecin pour des conseils ou traitements adaptés.

- **Adoptez des techniques antistress :** La respiration profonde, la relaxation musculaire ou la visualisation peuvent être des alliés précieux.

Le baby blues est généralement transitoire, mais si vous éprouvez des idées noires ou une dépression sévère, contactez immédiatement un spécialiste.

Règle 24

Soins du post-partum

Les soins post-partum concernent les attentions portées à une femme après l'accouchement. Ces soins sont primordiaux, car le corps de la femme subit de multiples transformations pendant et après la grossesse. Voici quelques recommandations pour les soins post-partum :

- **Repos** : Il est crucial de se reposer pour permettre une récupération optimale après l'accouchement. Favorisez le repos et sollicitez l'aide de votre entourage pour les corvées domestiques et les soins du bébé.

- **Alimentation** : Une nutrition saine et équilibrée est fondamentale pour aider votre corps à se régénérer. Privilégiez des aliments nutritifs tels que les fruits, légumes, protéines maigres et céréales complètes.

- **Hydratation** : Veillez à bien vous hydrater afin d'aider votre organisme à éliminer les toxines.

- **Exercice** : Il est conseillé de reprendre progressivement l'activité physique après l'accouchement, en débutant par des exercices de Kegel afin de tonifier les muscles du plancher pelvien.

- **Soins personnels** : Prenez du temps pour vous : douches, détente des pieds et hygiène buccodentaire.

- **Soins du périnée** : Après l'accouchement, le périnée peut être sensible. Il est recommandé de le nettoyer délicatement avec de l'eau tiède et de le laisser sécher naturellement. Les bains de siège peuvent aussi atténuer la douleur.

- **Suivi médical** : Suivez scrupuleusement les directives de votre médecin pour les soins post-partum et les consultations de suivi. En cas de symptômes inquiétants comme une fièvre, des douleurs abdominales ou de fortes douleurs au niveau du périnée, consultez sans tarder.

En conclusion, les soins post-partum sont essentiels à la récupération après l'accouchement. Pour une convalescence harmonieuse, reposez-vous, nourrissez-vous correctement, hydratez-vous, pratiquez une activité physique modérée, prenez soin de vous et respectez les consignes médicales.

Règle 25

Endométrite post-partum

L'endométrite post-partum est une inflammation de la muqueuse utérine qui survient généralement dans les 10 jours suivant l'accouchement. Les symptômes comprennent fièvre, frissons, douleurs abdominales et modifications des lochies (sécrétions vaginales post-accouchement). Les femmes ayant eu une césarienne, une rupture prolongée des membranes, un travail de longue durée ou une infection pré-accouchement sont plus susceptibles d'être touchées.

Le traitement repose sur l'administration d'antibiotiques à large spectre pour contrer l'infection et d'analgésiques pour la douleur. Dans les cas sévères, une hospitalisation pourrait être nécessaire pour surveillance et traitement intraveineux. Un traitement rapide est crucial pour éviter des complications telles que la septicémie ou la péritonite.

Étiologie de l'endométrite post-partum : Bien que divers facteurs puissent contribuer à cette inflammation, elle est généralement causée par une infection bactérienne. Les bactéries couramment impliquées sont *Escherichia coli*, *Streptococcus agalactiae* (aussi appelé streptocoque du groupe B ou GBS), et d'autres bactéries anaérobies.

Le GBS est fréquent dans le tractus gastro-intestinal et vaginal humain. Généralement bénin chez l'adulte sain, il peut entraîner de graves infections chez certains individus, notamment les nouveau-nés, les femmes enceintes et les personnes immunodéprimées. Chez les femmes enceintes, le GBS peut être transmis au fœtus pendant l'accouchement, provoquant des infections néonatales sévères. Une prévention est assurée par un dépistage pendant la grossesse et, si nécessaire, une antibiothérapie durant l'accouchement. Chez les non-enceintes, le GBS peut causer diverses infections. Le traitement est basé sur des antibiotiques adaptés à la souche bactérienne, et des mesures préventives, comme le lavage des mains et la protection lors des rapports, sont recommandées pour minimiser le risque de transmission.

Règle 26

Les facteurs de risque pour le développement d'une endométrite post-partum comprennent :

- La césarienne : le risque d'endométrite post-partum est plus élevé après une césarienne que lors d'un accouchement vaginal.

- La rupture prolongée des membranes : si les membranes restent rompues pendant une période prolongée, cela peut augmenter le risque d'infection.

- Une longue durée de travail : si le travail est prolongé, cela peut augmenter le risque d'infection.

- La présence de corps étrangers dans l'utérus : par exemple, si des fragments de placenta ou de membrane restent dans l'utérus après l'accouchement, cela peut favoriser la croissance bactérienne.

- La présence d'une infection vaginale préexistante.

Le traitement de l'endométrite post-partum consiste généralement en une thérapie antibiotique pour éliminer l'infection bactérienne. Dans les cas graves, une hospitalisation et une surveillance étroite peuvent être nécessaires. La prévention de l'endométrite post-partum peut être réalisée en prenant des mesures pour réduire les facteurs de risque, tels que la surveillance attentive de la rupture des membranes, la réduction de la durée du travail et de l'effort de poussée lors de l'accouchement, et la prévention des infections vaginales avant l'accouchement.

L'incidence de l'endométrite puerpérale est principalement liée au type d'accouchement :

- Accouchements par voie vaginale : 1 à 3 %.
- Accouchements par césarienne programmée (avant le début du travail) : 5 à 15 %.
- Accouchements par césarienne programmée (après le début du travail) : 15 à 20 %.

Les caractéristiques de la patiente influencent également l'incidence.

L'endométrite peut apparaître après une chorioamniotite pendant le travail ou en post-partum. Les facteurs prédisposants comprennent :

- Rupture prolongée des membranes.
- Travail prolongé.
- Touchers cervicaux répétés.

- Chorioamniotite.

- Monitorage fœtal ou utérin interne.

- Accouchement par césarienne.

- Rétention ou ablation manuelle des fragments placentaires dans l'utérus.

- Hémorragies du post-partum.

- Colonisation bactérienne des voies génitales inférieures.

- Vaginite bactérienne.

- Anémie.

- Diabète.

- Âge maternel jeune.

- Bas statut socioéconomique.

L'infection tend à être polymicrobienne. Les germes pathogènes les plus fréquents sont :

- Cocci Gram positifs (prédominance des streptocoques du groupe B, Staphylococcus epidermidis et Enterococcus spp).

- Anaérobies (principalement peptostreptocoques, Bacteroides spp et Prevotella spp).

- Bactéries Gram négatives (prédominance de Gardnerella vaginalis, Escherichia coli, Klebsiella pneumoniae et Proteus mirabilis).

L'infection peut toucher l'endomètre (endométrite), les paramètres (paramétrite) et/ou le myomètre.

On observe rarement une péritonite, un abcès pelvien, une thrombophlébite pelvienne (avec risque d'embolie pulmonaire) ou des lésions associées. Un choc septique et ses séquelles, dont le décès, sont rares.

Symptomatologie de l'endométrite post-partum

Habituellement, le signe initial de l'endométrite post-partum est une douleur abdominale basse avec des spasmes utérins, suivie de fièvre, généralement dans les 24 à 72 premières heures du post-partum. Les frissons, les céphalées, la sensation de malaise et l'anorexie sont fréquents. Parfois, la symptomatologie se résume à une fébricule.

Une pâleur, une tachycardie et une hyperleucocytose peuvent habituellement se produire. L'utérus est mou, gros et sensible. Les pertes peuvent être diminuées ou abondantes, malodorantes, avec ou sans présence de sang. Lorsque les paramètres sont atteints, la douleur et la fièvre sont sévères ; l'utérus volumineux et sensible est induré à la base du ligament large et s'étend jusqu'aux parois pelviennes ou vers le cul-de-sac de Douglas.

Un abcès pelvien peut se présenter comme une masse palpable distincte et adjacente à l'utérus ou par de la fièvre et des douleurs abdominales qui persistent malgré une antibiothérapie standard.

Diagnostic de l'endométrite post-partum

Bilan clinique

Le diagnostic, établi durant les 24 heures après l'accouchement, repose sur les signes cliniques de douleur, de sensibilité locale, et d'une température supérieure à 38 °C. Passé ces 24 heures, une endométrite post-partum est présumée en l'absence d'autres causes identifiables et si la température est égale ou dépasse 38 °C pendant deux jours consécutifs. Les autres causes possibles de fièvre et de douleur abdominale incluent : une infection urinaire, une plaie infectée, une thrombophlébite pelvienne septique, et une infection périnéale. Chez les patientes ayant subi une césarienne, il peut être ardu de distinguer une douleur utérine d'une douleur liée à la plaie opératoire.

Lorsqu'une patiente présente une fébricule sans douleur abdominale, d'autres causes occultes doivent être recherchées, telles qu'une atélectasie, une congestion mammaire, une infection mammaire, une infection urinaire, ou une thrombophlébite des membres inférieurs. Une fièvre attribuée à une congestion mammaire tend généralement à ne pas dépasser 39 °C. Si la température augmente brusquement après 2 ou 3 jours de fébricule, il est probable que la cause soit infectieuse plutôt que congestive.

Un examen cytobactériologique des urines (ECBU) est habituellement réalisé.

La mise en culture des prélèvements endométriaux est rarement indiquée, car ils sont souvent contaminés par la flore cervicovaginale et les résultats sont trop lents pour influencer le choix thérapeutique initial. Les cultures sont surtout recommandées pour les endométrites ne répondant pas aux traitements antibiotiques courants ou lorsque d'autres causes infectieuses sont suspectées. Dans ce cas, le prélèvement doit être effectué avec un spéculum stérile afin d'éviter toute contamination vaginale, et les échantillons doivent être mis en cultures aérobies et anaérobies.

Les hémocultures sont rarement pratiquées et ne sont requises qu'en cas de suspicion de septicémie ou si l'endométrite résiste aux antibiotiques habituels.

Si, malgré un traitement approprié de plus de 48 heures (jusqu'à 72 heures pour certains), il n'y a pas d'amélioration de la température, d'autres causes comme un abcès pelvien ou une thrombophlébite pelvienne (surtout si aucun abcès n'est visible à la TDM) doivent être considérées. La tomodensitométrie (TDM) abdominale et pelvienne est le moyen le plus sensible pour détecter un abcès, mais elle ne permet de visualiser une thrombophlébite pelvienne que si les caillots sont importants. Si la TDM ne révèle aucune anomalie, un traitement à l'héparine est généralement tenté pour traiter une thrombophlébite pelvienne présumée, qui reste le plus souvent un diagnostic d'exclusion. Une amélioration avec ce traitement confirmerait alors le diagnostic.

Pièges à éviter

Si un traitement adéquat de l'endométrite post-partum ne provoque pas une baisse de la température de pointe au bout de 48 à 72 heures, il faut envisager la possibilité d'un abcès pelvien. En particulier, si aucun abcès n'est visible à la TDM, une thrombophlébite pelvienne septique doit être suspectée.

Traitement de l'endométrite post-partum

- Clindamycine et gentamicine, avec ou sans ampicilline.

Le traitement de l'endométrite post-partum s'appuie sur des antibiotiques à large spectre administrés par voie intraveineuse jusqu'à ce que la femme soit apyrétique pendant 48 heures. Le choix de première intention est la clindamycine (900 mg IV toutes les 8 heures) et la gentamicine (1,5 mg/kg IV toutes les 8 heures ou 5 mg/kg une fois par jour). On peut ajouter de l'ampicilline (1 g toutes les 6 heures) si une infection par des entérocoques est suspectée ou en cas d'absence d'amélioration au bout de 48 heures. Le passage à une antibiothérapie orale n'est pas nécessaire.

Référence pour le traitement

1. Mackeen AD, Packard RE, Ota E, Speer L: Antibiotic regimens for postpartum endometritis.

Cochrane Database Syst Rev (2):CD001067, 2015. doi: 10.1002/14651858.CD001067.pub3.

Prévention de l'endométrite post-partum

Il est essentiel d'anticiper ou de prévenir les facteurs de risque. Un accouchement ne peut jamais être totalement stérile, mais l'usage de techniques aseptiques est courant. Lors d'un accouchement par césarienne, l'administration d'antibiotiques prophylactiques dans les 60 minutes précédant l'intervention peut diminuer le risque d'endométrite de jusqu'à 75 %.

Points clés

- L'endométrite post-partum est plus fréquente après une césarienne, surtout si celle-ci n'était pas prévue.

- L'infection est généralement polymicrobienne.

- Le traitement doit être basé sur des signes cliniques (comme la douleur post-partum, la sensibilité utérine ou une fièvre inexpliquée) et faire appel à des antibiotiques à large spectre.

- Une culture endométriale et des hémocultures ne sont pas systématiquement réalisées.

- Lors d'une césarienne, il faut administrer des antibiotiques prophylactiques dans les 60 minutes précédant l'intervention.

Soins du post-partum

Par Julie S. Moldenhauer, MD, Children's Hospital of Philadelphia. Examen médical : janvier 2022.

VOIR L'ÉDUCATION DES PATIENTS

- Prise en charge initiale

- Prise en charge à domicile

- Ressources liées au sujet

Les manifestations cliniques durant les suites de couches (les 6 semaines suivant l'accouchement) reflètent généralement la régression des modifications physiologiques survenues durant la grossesse (voir tableau : Modifications normales du post-partum). Ces modifications, temporaires, ne doivent pas être confondues avec certaines pathologies.

Règle 27

Pyélonéphrite du post-partum

La pyélonéphrite du post-partum est une infection des reins survenant après l'accouchement, causée par une bactérie qui remonte de la vessie vers les reins. Les femmes ayant subi une césarienne sont plus susceptibles de développer cette infection.

Les symptômes de la pyélonéphrite du post-partum comprennent : fièvre, frissons, douleurs dorsales ou latérales, envies fréquentes d'uriner, douleur ou brûlure lors de la miction, ainsi que des nausées et des vomissements.

Le traitement repose sur l'administration d'antibiotiques pour éradiquer l'infection. Ces médicaments peuvent d'abord être administrés par voie intraveineuse à l'hôpital, puis par voie orale à domicile. Boire abondamment d'eau est crucial pour éliminer les bactéries présentes dans l'urine.

Si la pyélonéphrite n'est pas traitée promptement, elle peut entraîner des complications graves, comme une septicémie ou une insuffisance rénale. Il est donc essentiel de consulter un médecin sans tarder en cas de suspicion de pyélonéphrite du post-partum.

Règle 28

Hémorragies du post-partum

Les hémorragies du post-partum (HPP) sont définies comme une perte sanguine excessive : supérieure à 500 ml après un accouchement vaginal ou plus de 1000 ml après une césarienne. Les HPP comptent parmi les principales causes de mortalité maternelle à l'échelle mondiale, notamment dans les pays à faible revenu.

Les principales causes des HPP incluent :

- L'atonie utérine : elle survient quand l'utérus ne se contracte pas adéquatement après l'accouchement. Divers facteurs peuvent en être à l'origine, tels que l'usage de certains médicaments pendant l'accouchement, une distension excessive de l'utérus pendant la grossesse, ou un accouchement qui s'éternise.

- Les blessures au col de l'utérus ou au vagin, pouvant survenir lors d'un accouchement difficile ou d'une intervention obstétricale.

- Les troubles de la coagulation : ils peuvent survenir en présence de prééclampsie, de placenta accreta, suite à une césarienne ou à un traumatisme obstétrical.

Le traitement des HPP varie selon la cause mais peut inclure :

- Une massothérapie utérine pour stimuler les contractions.

- L'administration de médicaments visant à diminuer l'hémorragie et à intensifier les contractions utérines.

- La suture des lésions du col de l'utérus ou du vagin.

- Une transfusion de sang et de produits sanguins, si nécessaire.

- Dans les cas les plus graves, une intervention chirurgicale, telle qu'une hystérectomie, peut s'avérer indispensable pour stopper l'hémorragie.

La reconnaissance rapide et l'intervention immédiate en cas de HPP sont primordiales pour prévenir des complications potentiellement fatales.

Endométrite post-partum

L'endométrite post-partum est une infection de l'utérus survenant après l'accouchement. Elle est souvent causée par des bactéries ayant pénétré dans l'utérus pendant l'accouchement. Toutefois, elle peut aussi résulter d'autres facteurs, tels qu'une césarienne, une rupture prolongée de la membrane amniotique, une infection urinaire non traitée ou une immunité affaiblie.

Les symptômes peuvent comprendre : fièvre, frissons, douleurs abdominales, saignements vaginaux anormaux, maux de tête, et une fatigue excessive. La prise d'antibiotiques est généralement le traitement prescrit, et, dans les cas plus sévères, une hospitalisation peut s'avérer nécessaire.

Il est primordial de traiter rapidement l'endométrite post-partum, car elle peut conduire à des complications sévères, telles qu'une septicémie, une péritonite, une occlusion intestinale ou une insuffisance rénale. Les femmes à risque élevé, comme celles ayant subi une césarienne, peuvent bénéficier d'antibiotiques à titre prophylactique pour minimiser le risque d'infection.

Infections urinaires (cystites et pyélonéphrites)

Les infections urinaires sont des affections bactériennes touchant différentes parties du système urinaire : la vessie, les reins, ou les uretères. Les cystites et les pyélonéphrites sont les deux formes les plus courantes.

La cystite, infection de la vessie, se manifeste par des symptômes tels que douleurs ou brûlures pendant la miction, envies fréquentes d'uriner et une urine trouble ou malodorante. Elle est majoritairement causée par des bactéries pénétrant dans la vessie via l'urètre.

La pyélonéphrite, quant à elle, est une infection des reins. Ses symptômes peuvent inclure fièvre, frissons, nausées, vomissements, ainsi que des douleurs dorsales ou latérales. Elle résulte souvent d'une infection vésicale ayant migré vers les reins.

La prise en charge des infections urinaires varie selon leur gravité et leur localisation. Les infections vésicales sont en général traitées par antibiotiques oraux, tandis que celles rénales peuvent exiger une hospitalisation et une administration d'antibiotiques par voie intraveineuse. Une prise en charge rapide est cruciale pour éviter des complications graves, comme une septicémie ou des lésions rénales irréversibles.

Pour prévenir ces infections, il est conseillé de boire abondamment, d'uriner régulièrement, de vider intégralement la vessie à chaque miction, d'éviter de se retenir et de maintenir une hygiène personnelle rigoureuse.

Mastite

Traitement

La mastite est une inflammation douloureuse du sein, souvent accompagnée d'infection. Une fièvre puerpérale tardive peut indiquer une mastite. Les infections cutanées représentent la forme la plus courante de maladie staphylococcique.

Les abcès mammaires sont rares et peuvent parfois être provoqués par des *Staphylococcus aureus* résistants à la méthicilline.

Les symptômes de la mastite peuvent inclure une fièvre élevée et des manifestations au niveau du sein, telles qu'un érythème, une induration, une sensation douloureuse, une tuméfaction et une chaleur à la palpation. Elle se distingue de la douleur et de la fissuration des mamelons, phénomènes courants au début de l'allaitement. Le diagnostic de la mastite est clinique.

Traitement de la mastite :

- Traitement de la douleur et vidange complète du lait maternel

- Antibiotiques antistaphylococciques

Le traitement initial vise à soulager la douleur et le gonflement à l'aide de compresses froides et d'analgésiques, tels que le paracétamol ou des anti-inflammatoires non stéroïdiens (AINS) comme l'ibuprofène. Si les canaux galactophores sont pleins, il est essentiel de vider entièrement le sein, que ce soit par allaitement ou à l'aide d'un tire-lait. L'hydratation est encouragée. Ces mesures suffisent généralement pour traiter de nombreux cas de mastites légères.

Une mastite réfractaire aux traitements conservateurs ou présentée comme grave (par exemple, érythème évolutif, signes de maladie systémique) doit être traitée avec des antibiotiques ciblant le *Staphylococcus aureus*, agent pathogène le plus couramment incriminé. Les traitements recommandés sont :

- Dicloxacilline : 500 mg par voie orale toutes les 6 heures pendant 7 à 10 jours.

- En cas d'allergie à la pénicilline : céphalexine 500 mg par voie orale 4 fois/jour ou clindamycine 300 mg par voie orale 3 fois/jour pendant 10 à 14 jours.

- L'érythromycine 250 mg par voie orale toutes les 6 heures est moins fréquemment prescrite.

Si les symptômes persistent sans présence d'abcès, l'utilisation de la vancomycine 1 g IV toutes les 12 heures ou du céfotétan 1 à 2 g IV toutes les 12 heures, pour couvrir les microrganismes résistants, doit être envisagée. Il est conseillé de continuer l'allaitement pendant le traitement pour aider à drainer le sein affecté.

Les abcès mammaires nécessitent une incision et un drainage. Les antibiotiques ciblant *S. aureus* sont souvent prescrits. Il n'est pas établi que des antibiotiques ciblant le *S. aureus* résistant à la méthicilline soient indispensables pour traiter les mastites ou les abcès mammaires.

Dépression du post-partum

La dépression post-partum (DPP) est un trouble qui survient chez certaines femmes peu après l'accouchement. Elle se manifeste par des sentiments de tristesse, d'anxiété, de fatigue, d'irritabilité, de troubles du sommeil, de concentration et une baisse de l'estime de soi.

La DPP peut toucher toute femme, indépendamment de son âge, statut socio-économique, race ou niveau d'éducation. On estime que 10 à 20 % des femmes en souffrent dans les six premiers mois suivant l'accouchement.

Il est crucial de distinguer la DPP du "baby blues", trouble moins sévère et plus courant qui survient peu après l'accouchement, caractérisé par une tristesse, une irritabilité et une fatigue passagères.

Si vous suspectez une DPP, il est primordial de consulter un professionnel de santé pour une prise en charge adéquate. Les options de traitement incluent la psychothérapie, les médicaments antidépresseurs, ainsi que des approches complémentaires, comme l'exercice ou la thérapie nutritionnelle. Avec un traitement adapté, la majorité des femmes se rétablissent intégralement.

Paramètres cliniques de la dépression post-partum

La dépression post-partum est une forme de dépression pouvant survenir chez les femmes après l'accouchement. Les symptômes peuvent varier d'une personne à l'autre, mais certains des paramètres cliniques courants de la dépression post-partum comprennent :

- **Symptômes dépressifs** : Sentiments de tristesse, d'apathie, de désespoir, de fatigue, de perte d'intérêt pour les activités habituelles et de difficulté à éprouver du plaisir.

- **Anxiété** : Sentiments d'inquiétude, de nervosité, d'angoisse ou de peur excessive peuvent être présents.

- **Troubles du sommeil** : Difficultés à s'endormir, à rester endormi ou à dormir suffisamment peuvent être constatées.

- **Modification de l'appétit** : Perte ou gain de poids sans raison apparente, manque d'appétit ou suralimentation sont possibles.

- **Irritabilité et changements d'humeur** : Des sautes d'humeur fréquentes, des accès de colère ou de tristesse peuvent se manifester.

- **Difficultés de concentration et de prise de décision** : La capacité à se concentrer et à prendre des décisions peut être affectée.

- **Sentiments d'incompétence ou de culpabilité** : Les femmes atteintes peuvent se sentir inadéquates ou incapables de s'occuper de leur bébé ou de leur famille.

- **Idées suicidaires** : Dans les cas graves, des pensées suicidaires peuvent émerger.

Il est essentiel de souligner que ces symptômes peuvent aussi être observés chez les femmes ne souffrant pas de dépression post-partum. Cependant, si vous présentez plusieurs de ces symptômes et qu'ils persistent pendant plus de deux semaines après la naissance de votre enfant, une consultation auprès d'un professionnel de santé est conseillée.

Pendant les 24 premières heures, le pouls maternel peut ralentir et la température corporelle peut légèrement augmenter.

L'écoulement vaginal est très sanglant (lochies rouges) pendant 3 à 4 jours, devient ensuite brun pâle (lochies séreuses), puis, après 10 à 12 jours, il devient blanc jaunâtre (lochies blanches).

Environ 1 à 2 semaines après l'accouchement, la zone d'insertion placentaire se désintègre, entraînant une hémorragie qui est généralement auto-limitée. La perte de sang totale est d'environ 250 mL. Des protections externes peuvent être utilisées pour absorber cette perte. Les tampons internes peuvent être utilisés seulement avec l'approbation du praticien. Ils ne doivent pas être employés s'ils peuvent entraver la cicatrisation des lacérations périnéales ou vaginales. Il est conseillé aux femmes de contacter leur médecin en cas de saignements préoccupants. Un saignement prolongé (hémorragie du post-partum) peut indiquer une infection ou une rétention placentaire et doit faire l'objet d'une investigation.

L'utérus évolue progressivement. 5 à 7 jours après l'accouchement, il est ferme, indolore et se situe à mi-chemin entre la symphyse et l'ombilic. Deux semaines plus tard, il n'est plus palpable dans l'abdomen et revient, en général, à sa taille d'avant la grossesse en 4 à 6 semaines. Lorsque les contractions utérines en phase d'involution sont douloureuses, des antalgiques peuvent être nécessaires.

Paramètres de laboratoire

Pendant la première semaine post-partum, le volume d'urine augmente temporairement et devient plus dilué à mesure que l'excès de volume plasmatique lié à la grossesse est excrété. Les échantillons d'urine doivent être interprétés avec prudence, car les lochies peuvent les contaminer.

Bien que le volume sanguin puisse fluctuer, l'hématocrite tend à se stabiliser autour des valeurs d'avant la grossesse, sauf en cas d'hémorragie. La numération des globules blancs, qui augmente durant le travail, montre une hyperleucocytose marquée (jusqu'à 20 000 à 30 000/mcL) pendant les 24 premières heures suivant l'accouchement. Cette numération revient à la normale en une semaine. Le fibrinogène plasmatique et la vitesse de sédimentation (VS) restent élevés pendant la première semaine post-partum.

Modifications normales du post-partum

Prise en charge initiale

Il faut minimiser le risque d'infection, d'hémorragie et de douleur excessive. Les femmes sont généralement observées pendant au moins 1 à 2 heures après le 3e stade du travail. Cette observation dure plusieurs heures ou plus si l'anesthésie régionale ou générale a été utilisée lors de l'accouchement (par exemple, par forceps, extracteur par ventouse ou par césarienne) ou si l'accouchement n'a pas été totalement simple.

Hémorragie

Définition de l'hémorragie post-partum :

- Pertes sanguines de plus de 500 ml dans les 24 h suivant la naissance.

- Survenue lors de 5 % des accouchements.

- Accouchement normal : hémorragie physiologique de 50 à 300 ml.

- Risque vital : 0 à 5 % des hémorragies du post-partum.

(Pour plus d'informations, voir "Hémorragie du post-partum").

Minimiser le saignement est la priorité première ; les mesures comprennent :

- Massage utérin.
- Parfois, ocytocine parentérale.

Au cours de la première heure après la 3e étape du travail, l'utérus est massé périodiquement afin de s'assurer qu'il se contracte, minimisant ainsi le risque d'hémorragie excessive.

Si l'utérus ne se contracte pas avec le massage seul, on administre 10 unités d'ocytocine IM ou de l'ocytocine diluée en perfusion IV (10 ou 20 [jusqu'à 80] unités/1000 mL de liquide IV) à 125 à 200 mL/h immédiatement après l'expulsion du placenta. Le traitement est poursuivi jusqu'à ce que l'utérus soit ferme, puis il est diminué ou arrêté. L'ocytocine ne doit pas être administrée en bolus IV, car elle pourrait provoquer une hypotension grave.

Si le saignement s'intensifie, méthergin 0,2 mg IM toutes les 2 à 4 heures ou misoprostol 600 à 1000 mcg (par voie orale, sublinguale ou rectale) une fois peut être utilisé pour augmenter le tonus utérin. Le méthergin 0,2 mg par voie orale toutes les 6 à 8 heures peut être poursuivi jusqu'à 7 jours si nécessaire. De l'acide tranexamique

1 g IV peut aussi être administré ; il doit l'être dans les 3 heures suivant l'accouchement pour être efficace.

Pendant le post-partum, il est essentiel d'avoir toujours à disposition pour toutes les femmes :

- Oxygène.

- Sang O négatif ou du sang préalablement testé pour sa compatibilité.

- Liquides IV.

Une NFS est indispensable pour vérifier une éventuelle anémie chez la femme ayant subi des pertes sanguines excessives ($\geq$ 500 mL) avant sa sortie. Si la perte n'était pas excessive, la NFS n'est pas nécessaire.

Alimentation et activité

Après les 24 premières heures, la guérison s'accélère. Un régime normal peut être proposé dès que la femme exprime le souhait de s'alimenter. Il est conseillé de se lever dès que possible.

Les recommandations concernant l'exercice sont individualisées en fonction de la présence d'autres troubles maternels ou de complications. Généralement, les exercices de renforcement des muscles abdominaux débutent lorsque la douleur post-accouchement (vaginal ou par césarienne) s'est apaisée, soit généralement 1 jour après un accouchement par voie basse et plus tard après une césarienne. Les bienfaits de ces exercices du plancher pelvien (par exemple, de Kegel) ne sont pas clairement établis, mais peuvent être entrepris dès que la patiente se sent prête.

Soins périnéaux

Après un accouchement non compliqué, les douches et bains sont autorisés. Cependant, les irrigations vaginales sont proscrites. Il est recommandé de nettoyer la vulve d'avant en arrière.

Juste après l'accouchement, une poche de glace peut aider à atténuer la douleur et l'œdème de la zone d'épisiotomie ou de la suture suite à une déchirure. Dans certains cas, une crème ou un spray de lidocaïne peuvent être appliqués pour soulager la douleur.

Plus tard, il est possible de recourir à des bains de siège chauds plusieurs fois par jour.

Inconfort et douleur

Les AINS, comme l'ibuprofène à 400 mg administré par voie orale toutes les 4 à 6 heures, sont efficaces contre les douleurs périnéales et les crampes utérines. Le paracétamol, à des doses de 500 à 1000 mg par voie orale toutes les 4 à 6 heures, peut également être utilisé. À noter que le paracétamol et l'ibuprofène sont généralement considérés comme sûrs pendant l'allaitement. D'autres antalgiques peuvent passer dans le lait maternel.

En cas de chirurgie ou de réparation d'une lacération importante, le paracétamol à 650 mg IV toutes les 4 heures ou à 1000 mg IV toutes les 6 à 8 heures (sans excéder 4 g/jour) peut être administré. Cette perfusion doit être effectuée sur une durée minimale de 15 minutes. Le paracétamol IV permet de diminuer les besoins en opiacés. Certaines femmes pourraient nécessiter des opiacés pour un soulagement efficace ; dans ce cas, il convient d'utiliser la dose minimale efficace. Si la douleur s'intensifie, il est essentiel de vérifier la présence éventuelle de complications, comme un hématome vulvaire.

Fonction vésicale et intestinale

Il est crucial d'éviter autant que possible la rétention d'urine, le globe vésical et le sondage urinaire. La miction doit être encouragée régulièrement pour éviter un remplissage excessif et asymptomatique de la vessie. La palpation d'une masse médiane sus-pubienne ou une surélévation anormale du fond utérin au-dessus de l'ombilic pourrait indiquer un globe vésical. Dans cette situation, il faut procéder à un sondage pour soulager rapidement l'inconfort et prévenir une dysurie à long terme.

Il est conseillé aux femmes de déféquer avant leur sortie de l'hôpital. Si aucune défécation n'est survenue au bout de 3 jours, un purgatif doux peut être administré. Prévenir la constipation peut contribuer à éviter ou soulager les crises hémorroïdaires, qui peuvent également être traitées par des bains de siège chauds. Pour celles ayant subi une importante déchirure périnéale touchant le rectum ou le sphincter anal, des émollients fécaux peuvent être administrés.

Vaccination et désensibilisation Rh

Toute femme séronégative à la rubéole devrait être vaccinée avant sa sortie. Le vaccin Tdap, destiné à la protection contre le tétanos, la diphtérie et la coqueluche acellulaire, devrait idéalement être administré entre la 27ème et la 36ème semaine de chaque grossesse.

Les femmes enceintes sans preuve d'immunité à la varicelle devraient recevoir la première dose du vaccin après l'accouchement et la seconde 4 à 8 semaines plus tard.

Lorsqu'une femme Rh négative accouche d'un enfant Rh positif et n'est pas sensibilisée, une dose d'Ig Rho(D) de 300 mcg devrait lui être administrée par voie IM dans les 72 heures suivant l'accouchement afin d'éviter la sensibilisation.

Congestion mammaire

L'accumulation de lait peut provoquer une congestion mammaire douloureuse en début d'allaitement.

Pour les femmes qui allaitent, voici les recommandations jusqu'à ce que la production de lait s'ajuste aux besoins de l'enfant :

- Exprimer le lait à la main sous une douche chaude ou utiliser une pompe à lait entre les tétées pour temporairement soulager la pression (toutefois, cette action tend à encourager la lactation ; elle ne doit donc être effectuée qu'en cas de nécessité).

- Allaiter le nourrisson à des horaires réguliers.

- Porter un soutien-gorge confortable 24 h/24.

Pour les femmes qui ne souhaitent pas allaiter, voici les recommandations :

- Porter un soutien-gorge bien ajusté pour limiter la lactation, car la gravité stimule le réflexe d'éjection du lait et favorise sa circulation.

- Éviter toute stimulation du mamelon et toute expression manuelle, qui pourraient augmenter la production de lait.

- Assurer un bandage serré des seins (par exemple, avec un soutien-gorge bien ajusté), utiliser des cataplasmes froids et des antalgiques, associés à un soutien-gorge bien ajusté pour gérer efficacement les symptômes lors de l'arrêt de l'allaitement.

- La suppression de la lactation par médicaments n'est pas recommandée.

Troubles mentaux

Une dépression transitoire, communément appelée "baby blues", est courante la première semaine après l'accouchement. Les symptômes (tels que sautes d'humeur, irritabilité, anxiété, difficulté de concentration, insomnie, crises de larmes) sont généralement légers et disparaissent habituellement en 7 à 10 jours.

Les médecins doivent questionner les femmes sur les symptômes de dépression avant et après l'accouchement. Ils doivent également être attentifs pour reconnaître les symptômes de dépression, qui peuvent ressembler à des effets normaux de la nouvelle maternité (par exemple, fatigue, difficultés de concentration). Il est aussi recommandé d'encourager les femmes à consulter si les symptômes dépressifs persistent pendant plus de 2 semaines, perturbent les activités quotidiennes ou en présence de pensées suicidaires ou meurtrières. Dans ces situations, la dépression post-partum ou un autre trouble mental peut être diagnostiqué. Lors de la visite post-partum, il est essentiel de dépister chez toutes les femmes les troubles de l'humeur et l'anxiété post-partum en utilisant un outil validé.

Un trouble mental préexistant, y compris une dépression post-partum, peut réapparaître ou s'aggraver pendant le post-partum. Il est donc nécessaire de surveiller étroitement les femmes concernées.

Mastite

Par Julie S. Moldenhauer, MD, Children's Hospital of Philadelphia Examen médical : Janvier 2022

[VOIR L'ÉDUCATION DES PATIENTS]

Pyélonéphrite du post-partum

Par Julie S. Moldenhauer, MD, Children's Hospital of Philadelphia Examen médical : Janvier 2022 [VOIR L'ÉDUCATION DES PATIENTS]

Diagnostic et Traitement

La pyélonéphrite est une infection bactérienne du parenchyme rénal. Elle peut survenir en post-partum par infection ascendante d'origine vésicale. Cette infection peut débuter comme une bactériurie asymptomatique durant la grossesse ou suite à un sondage vésical réalisé pendant ou après l'accouchement pour soulager une distension vésicale. Le microorganisme habituellement responsable est une bactérie coliforme, par exemple, Escherichia coli.

La symptomatologie de la pyélonéphrite comprend fièvre, douleur de l'hypochondre, sensation de malaise général et parfois mictions douloureuses.

Diagnostic de la pyélonéphrite du post-partum

L'examen cytobactériologique des urines (ECBU) ainsi que les signes cliniques (notamment une douleur costo-vertébrale) sont fondamentaux pour le diagnostic de pyélonéphrite.

Traitement de la pyélonéphrite du post-partum

Ceftriaxone seule ou ampicilline associée à la gentamicine.

Le traitement initial de la pyélonéphrite est la ceftriaxone à une dose de 1 à 2 g IV toutes les 12 à 24 heures, administrée seule, ou l'ampicilline à une dose de 1 g IV toutes les 6 heures associée à la gentamicine à une dose de 1,5 mg/kg IV toutes les 8 heures. Ce traitement est poursuivi jusqu'à la disparition de la fièvre chez ces femmes pendant 48 heures.

Une culture avec antibiogramme doit être réalisée pour vérification. Le traitement est ensuite ajusté en conséquence et prolongé pour une durée totale de 7 à 14 jours. Les antibiotiques oraux sont prescrits après les antibiotiques IV initiaux.

Il est recommandé aux femmes de consommer de grandes quantités de liquides.

Un ECBU doit être répété 6 à 8 semaines après l'accouchement pour confirmer la guérison. Si des épisodes de pyélonéphrite réapparaissent, une imagerie doit être envisagée pour rechercher des calculs ou des malformations congénitales. L'échographie est habituellement privilégiée pendant la grossesse ; après l'accouchement, une TDM avec injection de produit de contraste est généralement préférée.

La dépression du post-partum se caractérise par des symptômes dépressifs qui perdurent plus de 2 semaines après l'accouchement et correspondent aux critères d'une dépression majeure. Elle affecte 10 à 15 % des femmes après un accouchement. Si toutes les femmes peuvent être touchées, certaines présentent un risque accru, notamment celles ayant :

- Des antécédents de "baby blues" (ex. sautes d'humeur rapides, irritabilité, anxiété, diminution de la concentration, insomnie, crises de larmes) ;

- Un épisode antérieur de dépression du post-partum ;

- Un diagnostic préalable de dépression ;

- Des antécédents familiaux de dépression ;

- Des facteurs de stress importants (ex. conflits conjugaux, événements stressants durant l'année précédente, difficultés financières, rôle parental assumé seul, partenaire souffrant de dépression) ;

- Un manque de soutien des partenaires ou de la famille (ex. soutien financier ou garde d'enfants) ;

- Des antécédents de changements d'humeur liés aux cycles menstruels ou à la prise de contraceptifs oraux ;

- Des antécédents ou des situations obstétricales défavorables (ex. fausse couche, accouchement prématuré, nouveau-né en unité de soins intensifs néonataux, enfant présentant des malformations congénitales) ;

- Une ambivalence face à la grossesse (car elle n'était pas planifiée ou, car une interruption avait été envisagée) ;

- Des difficultés à allaiter.

L'étiologie exacte de la dépression du post-partum demeure inconnue. Toutefois, une histoire de dépression, les fluctuations hormonales durant la période puerpérale, le manque de sommeil et une prédisposition génétique peuvent contribuer à son apparition.

Les symptômes dépressifs transitoires, communément appelés "baby blues", sont très fréquents pendant la première semaine post-accouchement. Le baby blues, généralement de courte durée (2 à 3 jours, pouvant s'étendre jusqu'à 2 semaines), se distingue de la dépression du post-partum, qui dure plus de 2 semaines et est invalidante, perturbant les activités quotidiennes.

Références pour la prise en charge initiale :

- Altenau B, Crisp CC, Devaiah CG, Lambers DS: Randomized controlled trial of intravenous acetaminophen for postcesarean delivery pain control. Am J Obstet Gynecol 217 (3): 362.e1–

362.e6, 2017. doi: 10.1016/j.ajog.2017.04.030 Epub 2017 Apr 25.

- American College of Obstetricians and Gynecologists (ACOG) Committee on Obstetric Practice, Immunization and Emerging Infections Expert Work Group: Committee Opinion No. 718: Update on Immunization and Pregnancy: Tetanus, Diphtheria, and Pertussis Vaccination. Obstet Gynecol 130 (3):e153–e157, 2017. doi: 10.1097/AOG.0000000000002301

- American College of Obstetricians and Gynecologists (ACOG) Committee on Obstetric Practice: Committee Opinion No. 757: Screening for Perinatal Depression. Obstet Gynecol 132(5):e208–e212, 2018. doi: 10.1097/AOG.0000000000002927

Prise en charge à domicile

La femme et l'enfant peuvent être autorisés à sortir au bout de 24 à 48 heures. Certaines unités obstétricales les libèrent dès la 6ème heure du post-partum, à condition qu'aucune anesthésie majeure n'ait été administrée et qu'aucune complication ne soit apparue.

Les complications sérieuses sont rares. Cependant, une visite à domicile, une consultation médicale ou un appel téléphonique dans les 24 à 48 heures qui suivent peuvent permettre de les identifier. Une consultation post-partum est généralement programmée entre la 3e et la 8e semaine suivant un accouchement vaginal sans complications. Si l'accouchement a été réalisé par césarienne ou si d'autres complications sont apparues, un suivi peut être organisé plus tôt.

La reprise des activités normales dépend du ressenti de la femme.

L'activité sexuelle après un accouchement vaginal peut être reprise dès que la femme le souhaite et se sent à l'aise. Toutefois, en cas de lacération ou d'épisiotomie, il est préférable d'attendre la cicatrisation. Après une césarienne, l'activité sexuelle devrait être reportée jusqu'à ce que la plaie chirurgicale soit guérie.

Planning familial

La grossesse devrait être différée d'un mois si les femmes ont été vaccinées contre la rubéole ou la varicelle. De plus, afin d'améliorer les résultats obstétricaux, il est recommandé de repousser la conception d'au moins 6 mois, idéalement 18 mois, après un accouchement.

Afin de minimiser le risque de grossesse, les femmes doivent commencer à utiliser une contraception dès leur sortie de l'hôpital. Pour celles qui n'allaitent pas, l'ovulation se produit généralement pendant la 4e semaine (et peut s'étendre jusqu'à la 6e) du post-partum, soit deux semaines avant le retour des menstruations. Néanmoins, l'ovulation peut avoir lieu plus tôt ; certaines femmes sont tombées enceintes dès deux semaines après l'accouchement. Les femmes qui allaitent connaissent généralement un retour plus tardif de l'ovulation et des menstruations, souvent autour du 6e mois du post-partum. Cependant, certaines peuvent ovuler aussi tôt que celles qui n'allaitent pas, et risquent ainsi de tomber enceintes.

Le choix de la méthode contraceptive devrait être basé sur les risques et avantages spécifiques des différentes options.

L'allaitement influence le choix des contraceptifs hormonaux. Pour les femmes qui allaitent, les méthodes non hormonales sont généralement privilégiées. Parmi les méthodes hormonales, les contraceptifs oraux à progestatif seul, les injections d'acétate de médroxyprogestérone à action prolongée et les implants progestatifs sont préférés, car ils n'altèrent pas la production de lait. Les contraceptifs œstroprogestatifs peuvent perturber cette production et ne devraient pas être introduits tant que la lactation n'est pas bien établie. Les anneaux vaginaux combinés œstroprogestatifs peuvent être utilisés 4 semaines après l'accouchement si la femme n'allaite pas.

Un diaphragme ne devrait être placé qu'après la complète involution de l'utérus, soit entre 6 à 8 semaines après l'accouchement. Pendant cette période, des mousses, gels et préservatifs peuvent être utilisés.

Les dispositifs intra-utérins peuvent être insérés immédiatement après l'expulsion du placenta, mais attendre 4 à 6 semaines après l'accouchement réduit le risque d'expulsion.

Les femmes qui estiment que leur famille est complète peuvent opter pour une contraception permanente. Cela implique des procédures chirurgicales visant à réséquer ou ligaturer une partie des trompes de Fallope. Ces interventions peuvent être réalisées durant la période post-partum, au moment d'une césarienne ou après le post-partum. Ces méthodes sont considérées comme définitives et irréversibles.

Présentation d'Huguette Paging

Un Parcours riche et multidimensionnel

Avec une carrière prolifique et une expertise qui traverse les frontières des sciences médicales et du développement personnel, Huguette Paging se distingue en tant que biochimiste de renom, coach certifiée et fondatrice du centre innovateur "POL Conseil Coaching".

Une expertise médicale incontestable

Huguette a débuté son parcours avec une formation solide en biochimie, se spécialisant ultérieurement dans la recherche clinique avec une concentration remarquable dans le domaine de l'oncologie et la gestion de la douleur associée au cancer. Avec 24 années d'expériences enrichissantes, elle s'est forgé une réputation d'experte, éduquant des médecins et pharmaciens sur la prise en charge optimale des patients. Sa compréhension profonde des pathologies diverses, des traitements innovants et des mécanismes d'action des médicaments est simplement inégalée.

Développement personnel et leadership

Au-delà de son rôle dans le domaine médical, Huguette a su nourrir une passion pour le développement personnel, une voie où elle excelle avec une expertise notable en leadership. Coach certifiée, elle accompagne les individus dans leur développement personnel et professionnel, guidée par une approche empathique et une capacité distincte à comprendre et gérer les émotions des autres.

POL Conseil Coaching et le Programme "LIBÈRE-TOI"

Fruit de son engagement indéfectible pour le bien-être des individus, "POL Conseil Coaching" voit le jour. À travers ce conduit, elle met en œuvre le programme unique "LIBÈRE-TOI", offrant un sanctuaire où les individus peuvent s'affranchir des entraves émotionnelles et mentales dans un environnement sécurisé et confidentiel. Cette initiative s'associe étroitement avec les professionnels de santé, offrant un soutien émotionnel aux patients et incarnant sa ferme croyance que la libération émotionnelle est la prémisse d'un chemin de guérison.

Une conférencière accomplie et écrivaine passionnée

Huguette ne se limite pas à son rôle de coach et de conseillère ; elle est aussi une conférencière accomplie, partageant avec éloquence son savoir et ses expériences. À cela s'ajoute sa passion pour l'écriture, à travers laquelle elle immortalise son expertise et transmet des connaissances précieuses.

Printed in Great Britain
by Amazon

31305040R00062